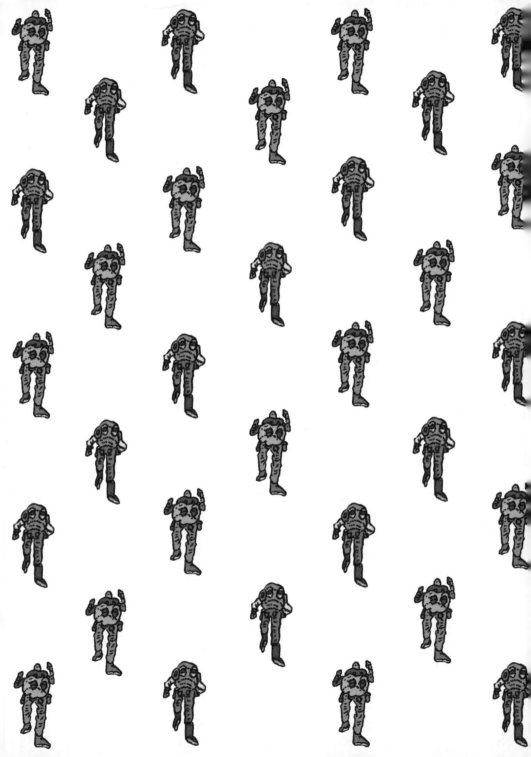

자연으로 돌아간

노스페이스 창업자
톰킨스

글쓴이 **박선민**

서울예술대학 문예창작과를 졸업했습니다. KBS「행복채널」, SBS 월드컵특집 「영광과 좌절의 순간들」, EBS「학교현장보고」「일과 사람들」 등의 방송 작가로 활동했습니다. 지은 책으로는『희망을 나누어 주는 은행가, 유누스』『토크쇼의 여왕 오프라 윈프리』『세상의 큰 별 스티브 잡스』 등이 있습니다.

그린이 **박준우**

울산에서 태어나 국민대학교 시각디자인과를 졸업했습니다. 어릴 때부터 그림 그리는 것을 좋아했고, 화가나 만화가가 꿈이었습니다. 지금도 그 꿈을 좇아 그림을 그리고 있습니다. 그린 책으로는『자유의 노래-마틴 루터 킹』『토크쇼의 여왕 오프라 윈프리』『33명의 칠레 광부들』『거인이 사는 섬』『자유를 향한 외침 넬슨 만델라』 등이 있습니다.

자연으로 돌아간
노스페이스 창업자
톰킨스

박선민 글 | 박준우 그림

리젬

건강한 지구를 위한 첫걸음

여러분, 아무도 걷지 않은 눈 위를 걸어 본 적이 있나요?

걸어온 길을 되돌아보면 발자국이 자연스럽게 남겨지죠. 그 길을 또 다른 누군가가 걸을지도 모르고요. 한 사람, 한 사람이 계속 따라 걷다 보면 어느새 새로운 길이 만들어지기도 하지요. 인간의 역사도 이렇게 새로운 길을 찾아 걷는 누군가에 의해서 하나하나 만들어졌답니다.

하지만 발자국이 꼭 좋은 의미만 있는 것은 아니에요. 사람이 지나간 곳엔 언제나 이산화탄소가 발생하지요. 이런 이산화탄소가 증가할수록 지구는 더워지고 생명체들이 위협받게 돼요.

그래서 환경 단체를 중심으로 '탄소 발자국 줄이기 운동'이 벌어지고 있어요. 인간의 무분별한 개발로 자꾸 늘어나는 탄소를 줄이기 위해 발걸음을 멈추자는 움직임이죠.

최근엔 남미에서 한 사람이 인간의 발길이 닿지 않은 땅을 개인 돈으로 사들인 후 개발을 막고 그 땅을 보호하고 있어 화제가 되고 있어요. 외국인 신분으로 자국민보다 훨씬 많은 땅을 사서 논란이 되기도 했지요. 그가 지난 15년 동안 사들인 토지는 약 90만 헥타르로, 제주도의 4배가 넘는 엄청난 땅이에요.

누구인지 궁금하지 않나요? 그는 바로 우리에게는 세계적인 등산 용품 전문 브랜드로 잘 알려진 '노스페이스' 창업자 더글러스 톰킨스예요. 톰킨스는 청년 시절, 안데스 산맥의 신비스러운 자연 풍경에 흠뻑 반해 등산 용품 사업을 시작했어요. 그리고 세계적인 등산 장비 업체로 성공을 거두었죠. 하지만 30년 뒤 불현듯 그는 모든 재산을 정리하고 칠레로 갔어요.

톰킨스는 한때 전 세계에 수천 개의 매장을 거느린 다국적 기업의 사장이었지만 성공하면 할수록 자연과 멀어져만 간다는 사실을 깨달았어요.

넓게 보면 인간도 생태계의 일부인데 인간의 편의성만 앞세워 자연을 훼손하며 살 수는 없다고 생각했어요. 톰킨스가 내린 결론은 더 늦기 전에 훼손되지 않은 땅을 사들여 개발을 막고 생태계를 보호하는 것이었어요.

많은 땅을 사들일수록 당연히 오해도 많이 받았어요. 가슴 아픈 이민족의 수난사를 고스란히 간직하고 있던 남미 사람들이 어느 날 갑자기 나타난 낯선 백만장자가 자신들의 땅을 사들이기만 하니 가만있지는 않았겠죠. 하지만 수많은 억측과 논란 속에서도 소중한 자연을 지키겠다는 톰킨스의 의지와 신념은 쉽게 꺾이지 않았어요.

그는 원시적인 생태계의 보물 창고와 같은 땅들이 늘어날수록 지구가 훨씬 더 건강해지고 그것이 결국 인류에게 도움이 된다고 확신했어요.

톰킨스는 지금도 칠레에서 자신이 소유한 땅에 고속도로를 건설하려는 정부와 마찰을 겪고 있어요. 그리고 아르헨티나의 이베라 습지 매입으로 개발과 보존 사이에서 아슬아슬하게 줄타기를 하고 있어요.

톰킨스는 수많은 논란에도 불구하고 국립공원을 지켜나가며 이곳을 방문하는 사람들에게 자연의 소중함을 체험할 수 있게 하고 있어요.

이 책은 고집스러울 만큼 땅을 지켜나가는 한 사람의 모습을 그리고 있어요. 톰킨스가 보여 준 모습은 남다른 의미가 있어요. 그의 삶은 국가와 민족을 떠나 '국경선'이라는 울타리를 거두어 내면 단 하나의 지구만 남는다는 사실을 보여 주고 있어요.

톰킨스가 내딛은 새로운 발자국은 결국 지구를 살리기 위한 소중한 첫 걸음이라는 것도 잊지 말아야겠지요.

여러분도 소중한 자연을 지키기 위해 지금 이 순간부터 이 땅에 어떤 발자국을 남겨야 할지 곰곰이 생각해 보세요.

2015년 4월
박선민

차례

등장인물

✧ **더글러스 톰킨스**

의류 회사 노스페이스의 창업자로 크게 성공합니다. 그러던 중 어느 날, 자연환경의 소중함을 깨닫고 파타고니아로 돌아가 자연보호에 앞장섭니다.

✧ **수지 러셀**

톰킨스가 산악 가이드를 하는 동안 만난 첫 번째 아내입니다. 톰킨스를 도와 의류 사업을 함께 했지만 자연으로 돌아가려는 톰킨스의 생각과는 맞지 않아 결국 헤어집니다.

✧ **제네스 합 클룹**

노스페이스 창업을 함께 준비한 동업자입니다. 새로운 등산 장비를 톰킨스와 함께 고민하고 만들며 노스페이스를 확장시켜 나갑니다.

✧ **크리스틴 맥디빗**

톰킨스와 재혼한 부인으로 함께 파타고니아로 떠납니다. 그곳에서 톰킨스와 함께 자연환경의 소중함을 주민들에게 알리고, 실천하고 있습니다.

항아리 속으로 들어간 개구쟁이

"톰킨스는 스르륵 잠이 들었다.
톰킨스는 파타고니아 숲에서 거인을 만나
반갑게 인사를 나누는 꿈을 꿨다."

"꼭꼭, 숨어라. 머리카락 보일라."

산 너머로 붉은 석양이 꾸물거렸다. 통나무집 담벼락에 몸
을 바짝 붙이고 익살스러운 표정을 짓고 있던 아이가 술래와
눈이 마주쳤다. 뉴욕 변두리에 있는 밀브룩은 해 질 녘이 되
면 동네 꼬마들의 숨바꼭질 놀이터가 되었다.

그때였다. 구불구불한 비포장도로에 먼지를 일으키며 달
려온 트럭 한 대가 허름한 골동품 가게 앞에 섰다. 트럭 안에
는 귀밑까지 수염이 덥수룩하게 덥힌, 털보 아저씨가 한 손으
로 마른세수를 하며 피곤한 듯 두 눈을 씀벅거렸다.

"오늘은 평소보다 좀 늦으셨네요. 제가 부탁드린 건 다 챙겨 오셨죠?"

"그럼요. 누구 부탁이라고요."

트럭에서 내린 털보 아저씨는 골동품 가게 주인과 가벼운 인사를 시작으로 꽤 오랫동안 이야기를 나누었다. 그런데 아까부터 담벼락에 몸을 바짝 붙이고 숨바꼭질을 하던 한 아이가 어른들의 이야기에 귀를 쫑긋 세우고 엿듣고 있었다.

이 아이가 훗날 '노스페이스(THE NORTH FACE)'를 설립하게 될 더글러스 톰킨스였다.

더글러스 톰킨스는 1943년 3월 20일, 미국 뉴욕 주 오하이오에서 태어났다. 톰킨스의 아버지는 골동품 가게 주인이었고 어머니는 인테리어 디자이너였다.

부모님은 오하이오를 떠나와 앨라배마 주 밀브룩에 자리를 잡았다. 화려한 뉴욕과는 달리 아침마다 창밖에서 지저귀는 새소리를 들을 수 있는 밀브룩은 어린 톰킨스에게 자연을 향한 동경을 일찍부터 싹트게 했다. 톰킨스는 마을에서 제일 말썽 잘 부리고 호기심이 강한 아이로 자라났다.

아버지와 이야기를 마친 털보 아저씨는 트럭 짐칸에서 신기한 무늬가 새겨진 떡갈나무 피리부터 양털로 만든 인디언 족장의 모자까지 귀한 골동품들을 내려놨다. 숨바꼭질에 한창이던 어린 톰킨스와 친구들의 눈이 금세 반짝였다. 그리고 이내 실랑이가 벌여졌다.

"우리 아빠가 그러시는데 이 세상에는 거인이 사는 나라가 있대. 그리고 거인들이 신는 신발을 신으면 거인들의 나라로 데려다 준대."

"에잇, 거짓말하지 마. 세상에 그런 신발이 어디 있어? 날개가 달린 것도 아니고."

그래도 톰킨스는 거인들의 나라가 있다고 믿고 싶었다.

"정말이라고. 우리 아빠는 거짓말 안 해! 그럼 우리 참말인지 거짓말인지 한번 내기해 볼래?"

톰킨스는 계속 털보 아저씨의 트럭 뒤 칸을 눈여겨보고 있었다.

"네가 어떻게 증명할 수 있는데?"

"내게 다 방법이 있지. 따라와 봐!"

톰킨스는 털보 아저씨의 창고에 가면 아버지의 가게에 있는 것보다 훨씬 신기한 골동품들이 많이 있을 것이라고 생각했다.

"자. 어서 올라타!"

톰킨스는 잽싸게 트럭 뒤쪽에 올라탔다. 그리고 트럭에 실려 있는 항아리 안으로 숨었다. 다른 친구들이 머뭇거리는 사이 토니도 톰킨스의 뒤를 따랐다.

'야호! 성공이야!'

톰킨스는 마음속으로 환호성을 질렀다.

털보 아저씨의 트럭은 울퉁불퉁 제멋대로 생긴 구불구불한 자갈길을 달리느라 심하게 흔들렸다. 그럴 때마다 톰킨스와 토니가 숨어든 항아리도 이리저리 움직였다.

'아이고 머리야! 아이고 어지러워.'

'머리가 빙빙 도네.'

톰킨스와 토니는 머리가 깨질 듯 아팠지만 항아리 속에서 나올 생각은 하지 않았다. 시간이 얼마나 흘렀을까. 어두컴컴한 항아리 속에서 트럭이 멈추기만을 기다렸던 톰킨스와 토니는 그만 까무룩 잠이 들었다. 얼마 후 자물쇠를 채우는 희미한 소리에 놀라 잠에서 깼다. 톰킨스는 항아리 뚜껑을 천천히 들어 올리며 밖으로 나왔다.

"와!"

톰킨스는 절로 탄성이 터져 나왔다. 그곳엔 아버지의 상점에서는 볼 수 없었던 신기한 물건들로 가득 차 있었다. 톰킨스는 자신이 꿈을 꾸고 있는 건 아닌지 볼을 살짝 꼬집어 보았다.

"아야! 꿈이 아냐!"

"이곳은 정말 보물 창고 같다."

톰킨스와 토니는 주위를 둘러보았다.

'이렇게 멋진 곳이 있다니!'

해골 손잡이가 달린 신기한 지팡이와 무지갯빛 도깨비 얼굴이 그려진 상자들…… . 그중에서도 거인의 신발처럼 유독 커 보이는 털신이 톰킨스의 시선을 사로잡았다.

"이것 보라고. 이게 내가 말했던 거인의 신발이야."

"이야. 정말 신기해. 이렇게 크다니…… ."

톰킨스는 토니에게 익살스런 표정을 짓곤 자신이 마치 거

인이 된 것처럼 한쪽 발을 거대한 신발 안에 넣으려고 했다.
그 순간 섬광과도 같은 눈부신 빛이 한꺼번에 쏟아졌다. 톰킨
스와 토니는 마치 진짜 거인이 나타난 것 같아 절로 몸이 웅
크려졌다.

"톰킨스, 이 녀석! 너 지금 여기에서 뭐하고 있는 거니?"

자물쇠를 열고 문 앞에 서 있던 사람은 거인이 아니라 털
보 아저씨였다.

"털보 아저씨! 여긴 보물 창고인가 봐요!"

톰킨스와 토니는 그제야 안심이 됐는지 해맑은 목소리로
외쳤다.

한편, 톰킨스가 사라진 사실을 뒤늦게 안 톰킨스의 부모님
은 목이 쉬도록 아들의 이름을 부르며 온 동네를 돌아다녔다.

"톰킨스! 톰킨스! 어디 있니?"

"여보, 어떡해요? 만약 아이에게 무슨 일이라도 생겼으
면……."

어머니가 떨리는 목소리로 말했다.

그리고 얼마 후, 트럭 소리가 가게 앞에서 들려왔다. 트럭 앞에는 털보 아저씨의 양손을 잡은 톰킨스와 토니가 서 있었다.

"톰킨스! 톰킨스!"

톰킨스의 어머니는 아무런 말도 잇지 못한 채 그저 톰킨스를 껴안았다.

"톰킨스, 그런데 왜 거기까지 간 거니?"

아버지가 물었다.

"항아리요! 항아리! 항아리 속이 어떻게 생겼는지 궁금해서 들어가 봤어요!"

톰킨스는 천진난만한 표정을 지으며 말했다.

톰킨스의 밝은 모습에 못 말리겠다는 듯 아버지와 어머니는 서로의 얼굴을 보며 환하게 미소 지었다.

"톰킨스, 이 말썽꾸러기 녀석!"

아버지는 톰킨스를 번쩍 들어올렸다. 신이 나서 웃는 톰킨스의 두 손에는 털보 아저씨가 선물로 준 커다란 털신이 달빛에 반짝거렸다.

"아빠, 거인이 사는 나라가 있나요?"

그날 밤, 톰킨스가 잠이 쏟아지는 목소리로 아버지에게 물었다.

"그럼 있고말고. 파타고니아라는 곳에는 덩치가 산 만한 외눈박이 거인들이 살지. 한 번의 입김만으로도 태풍 같은 바람을 만들어 내기도 한단다."

아버지는 미소 지으며 말했다.

"정말이요? 아빠도 그곳에 가 본 적이 있어요?"

"아니. 아빠도 할아버지에게 들었단다. 하지만 누가 아니? 정말 그곳에 거인들이 살고 있을지……."

톰킨스는 스르륵 잠이 들었다. 톰킨스는 파타고니아 숲에서 거인을 만나 반갑게 인사를 나누는 꿈을 꿨다.

스키 선수에 도전하다

"톰킨스는 몸을 낮추고
스키를 힘 있게 차며 달리기 시작했다.
앞에 보이는 만년설이 뒤덮인 장엄한 안데스 산맥의
정상에라도 깃발을 꽂고 올 수 있을 것만 같았다."

학교 담장 밑으로 어둠이 짙게 드리워졌다. 캠퍼스 안은 잘 가꿔진 잔디들로 반들거렸다.

이때 크게 심호흡을 하고 오른발을 높이 날려 제 키보다도 훨씬 높은 기숙사 담장을 단번에 뛰어넘고 있는 그림자가 있었다.

"됐어. 톰킨스, 성공이야."

톰킨스가 기숙사 담장을 뛰어넘자 토니가 말했다.

"이런 것쯤은 식은 죽 먹기라고 했잖아!"

"휴. 너보다 내가 더 조마조마했잖아."

담장 옆에 바짝 몸을 붙이고 망을 보던 토니는 그제야 가슴을 쓸어내리며 안도의 한숨을 내쉬었다. 하지만 갑자기 톰킨스와 토니의 몸이 하늘로 솟구쳤다. 화가 잔뜩 난 담임 선생님이 두 아이의 목덜미를 잡아 힘껏 들어올린 것이다.

"톰킨스, 이번이 몇 번째니?"

"다섯 번째인데요."

토니는 풀이 죽은 채 땅바닥에 고개만 떨구고 있었지만 톰킨스는 의기양양하게 말했다.

1960년, 톰킨스는 코네티컷 주에 있는 명문 사립 고등학교인 폼프렛에 다녔다. 폼프렛은 아름다운 경관과 넓은 교정, 높은 대학 진학률을 자랑하는 전통 있는 학교였다. 하지만 학교의 엄격한 규율이 톰킨스를 한없이 답답하게 했다.

"교복은 매번 제멋대로 벗어던지고 밤마다 어딜 그렇게 돌아다니는 거지?"

"바람 쐬러 잠시 다녀왔어요."

"지금은 시험 기간이야. 그러니 규칙 위반이다!"

톰킨스는 담임 선생님이 무섭게 몰아붙이는 훈계에도 아랑곳하지 않았다.

톰킨스의 부모님은 엄격한 학교 교육 방식이 자유분방한 자신의 아들을 길들이는 데 도움이 될 것이라 믿었다. 하지만 톰킨스는 부모의 기대를 전혀 채우지 못했다.

학교에서 벌어지는 장난스러운 소동에는 어김없이 톰킨스가 있었다. 수차례 경고와 선생님의 끊임없는 설득에도 톰킨스는 계속 엇나가기만 했다. 결국 학교는 톰킨스에게 퇴학 처분을 내렸다.

톰킨스는 고등학교도 졸업하지 못한 채 기숙사에서 짐을 꾸려 고향인 밀브룩으로 되돌아올 수밖에 없었다. 톰킨스의 부모도 고집이 강한 아들을 설득할 수 있는 뾰족한 방법이 없었다. 그저 질풍노도*의 시기가 빨리 지나가기를 바랐다.

이 사건 이후에도 톰킨스는 전혀 주눅 들지 않았다. 끊임없이 재미있는 일들을 찾아다녔다.

그러던 어느 날이었다. 톰킨스는 우연히 신문에 실린 동계 올림픽 스키 선수 모집 공고를 보았다.

★ **질풍노도** 몹시 빠르게 부는 바람과 무섭게 소용돌이치는 물결이라는 뜻으로 청소년기나 사춘기를 의미합니다.

'스키의 꽃이라 불리는 알파인 스키 선수 모집!'

알파인 스키는 산세가 험한 산악 지방의 가파른 경사면을 시속 90~140킬로미터로 활주하는 경기였다.

톰킨스는 인간의 발길이 닿지 않은 설원 계곡에서 하늘 높이 몸을 날리는 자신의 멋진 모습을 상상했다. 갑자기 심장이 두근거리기 시작했다.

"그래. 바로 이거야! 자연과 내가 하나가 되는 느낌을 만끽해 보는 거야."

톰킨스는 흥분해서 소리쳤다.

톰킨스는 열두 살부터 등산을 자주했고 자연스럽게 스키와도 친숙했다. 톰킨스는 모집 공고가 실린 신문을 반으로 접어 배낭에 구겨 넣고 옷 몇 가지만 간단히 챙겼다.

"얘야, 또 어딜 가는 거니?"

한껏 들뜬 톰킨스를 보며 어머니가 물었다.

"칠레에서 열리는 동계올림픽에 참가할 스키 선수를 모집한대요. 지원해 보려고요. 설원의 하늘을 멋지게 날아 보고 싶어요!"

"하지만 넌 아직 하던 공부도 다 마치지 못했잖니? 네가 돌아갈 곳은 칠레가 아니라 학교야."

아내 곁에서 잠자코 아들의 말을 듣고 있던 아버지가 걱정
스레 말했다. 하지만 톰킨스의 열정을 부모라고 억지로 막을
수는 없었다.

"가슴 뛰는 일을 하고 싶어요. 학교에 있을 때보다 자연 속
에 있을 때 제 심장은 더 빨리 뛴다고요. 허락해 주세요."

톰킨스가 간절하게 말했다.

"그래. 좋다. 하지만 절대 다치지 말거라."

아들의 얼굴에서 진심을 본 부모님은 결국 허락했다.

"네. 꼭 좋은 결과 가지고 돌아올게요."

부모님은 문 앞까지 톰킨스를 배웅하며 아들의 뒷모습을
한참 동안 바라보았다.

오래된 지프니*는 협곡을 따라 아슬아슬하게 계속 위로 올

★ **지프니** 택시보다는 요금이 싼 소형 버스를 말합니다.

라갔다. 톰킨스는 고산기후 탓에 두통이 몰려와 잠을 잘 수 없었다. 수천 미터가 넘는 고산에서는 산소 비율이 급격히 떨어져 고산병으로 목숨을 잃을 수도 있었다.

한 시간 정도 흘렀을까? 톰킨스와 일행들이 한계에 다다를 무렵 드디어 버스가 멈춰 섰다.

"휴, 이제야 살 것 같다."

"산을 넘기도 전에 죽는 줄 알았다니깐……."

"그래도 이렇게 무사히 온 게 어디야?"

버스에서 내리자마자 구겨져 있던 인상을 환하게 피며 일행들이 한마디씩 했다.

"우리의 꿈을 펼칠 곳이야. 잘해 보자. 꼭 이겨서 멋지게 돌아가는 거야!"

톰킨스도 커다란 배낭을 고쳐 메며 말했다.

숙소에 다다르자 산 정상에서 스키를 타고 시원하게 활강하는 스키 선수들의 모습이 보였다. 톰킨스와 일행들은 깎아지르는 듯한 설원을 보자 가슴이 설레기 시작했다.

"이야, 멋진걸! 내가 제일 먼저 타 봐야겠어."

마음이 급해진 톰킨스는 스키복으로 갈아입으며 말했다.

"톰킨스, 넌 지치지도 않니? 난 아직도 속이 울렁거려."

일행 중 한 명이 숙소를 막 나서려던 톰킨스에게 말했다.

"걱정 마! 내 진짜 실력은 지금부터야."

어릴 때부터 다져놓은 등산과 스키 실력 덕에 톰킨스는 자신감이 넘쳤다. 어서 신 나게 설원을 달리고 싶은 생각뿐이었다. 톰킨스는 산 정상에 올라 곧바로 스키 활강을 시작했다. 하지만 깎아지르는 듯한 급경사를 타는 것은 생각만큼 쉽지 않았다. 세차게 부는 강풍 때문에 앞이 잘 보이지 않았고, 몸에 균형을 잡는 것조차 힘들었다. 당장이라도 고꾸라져 데굴데굴 구를 것 같았다.

'이 정도에 쓰러지면 올림픽에 나갈 수 없어!'

톰킨스는 이를 꽉 물고, 두 손으로 폴대를 힘껏 움켜쥐었다.

종이 연처럼 흔들리던 두 다리에 조금씩 균형이 생겼다. 힘이 잔뜩 들어가 있었던 발목은 힘이 빠지면서 부드럽게 조타 역할을 하기 시작했다. 가속도가 붙을수록 톰킨스의 몸은 더욱 가볍게 설원과 하나가 되어 매끄럽게 활강을 했다.

"와! 정말 잘 타네!"

"톰킨스, 대단해!"

설원을 빠르게 내달리는 톰킨스를 향해 지켜보던 교관과 선수들이 환호성을 보냈다.

기분이 한껏 들뜬 톰킨스는 자세를 낮춰 더욱 속도를 냈다.

칼날 같은 바람이 뺨을 세차게 때렸다. 어느새 가속도가 붙은 스키는 톰킨스 의지로 달리고 있는 것이 아니었다. 톰킨스를 태운 스키가 바람에 실려 정신없이 내달리고 있는 것과 같았다. 퍼뜩 정신이 든 톰킨스는 속도를 줄이기 위해 상체를 세웠다. 그러나 속도는 조금도 줄지 않았다.

'이거 큰일인데, 이대로 가다간 방향을 잡기는커녕 멈출 수도 없겠어.'

속도가 빨라질수록 불안감이 더 커졌다. 톰킨스의 온몸이 바짝 경직되었다. 그때 눈앞에 급커브 지점이 나타났다. 커브 지점 옆에는 가파른 절벽이 입을 크게 벌리고 톰킨스를 집어삼킬 준비를 하고 있었다.

"안 돼! 안 돼!"

톰킨스는 마지막 힘을 다해 방향을 틀었다. 톰킨스는 산처럼 쌓여 있던 눈 속으로 곤두박질했다. 바로 옆은 시커먼 절벽이었다.

"톰킨스, 괜찮아?"

사람들이 우르르 몰려와 눈 더미를 헤치고 가까스로 톰킨스를 꺼내 주었다.

"조금만 더 갔으면 낭떠러지에 떨어질 뻔했어!"

"……."

머쓱해진 톰킨스는 아무런 말도 하지 못하고 피식 웃었다.

"전에도 이 코스에서 스키를 탄 적이 있나요?"

스키를 들고 일어서는 그를 교관이 부축하며 물었다.

"아뇨, 처음이에요."

톰킨스의 대답에 교관의 눈빛이 매섭게 변했다.

"이 산의 지형과 날씨. 아무것도 몰랐으면서 그렇게 달려간 거예요?"

교관은 거칠게 소리쳤다.

"동계올림픽에 출전할 선수들에겐 용기와 자신감이 반드시 필요하지요. 하지만 결코 무모하게 행동해서는 안 돼요. 산은 언제든 쉽게 우리를 집어삼킬 수 있거든요."

잊고 있었던 것을 꼬집는 교관의 말에 톰킨스는 아무런 대답도 할 수 없었다.

얼마나 시간이 흘렀을까.

톰킨스는 지금 세상에서 가장 긴 나라, 칠레에 와 있었다. 산 밑으로 볕이 점점 더 짧아졌다. 톰킨스와 일행이 이곳에 온 지도 보름 남짓이 다 되어가고 있었다. 톰킨스는 여전히 의기양양했지만 일행들은 여전히 고산기후와 음식에 적응하지 못했다. 하루에도 수차례 힘든 싸움의 연속이었다.

"이제 날만 밝으면 출전하는데……. 솔직히 자신이 없어. 이곳의 환경이 너무 적응하기 힘들어."

일행 중 한 명이 시무룩하게 말했다.

"더 늦기 전에 집으로 돌아갈까? 떨어지면 창피하잖아."

또 다른 일행이 힘없는 목소리로 말했다.

"이제 하루밖에 안 남았다고. 난 우리 팀이 잘 해낼 거라 믿어."

지쳐 있던 일행들을 톰킨스가 다독였다. 하지만 톰킨스도 지치고 긴장되긴 마찬가지였다. 지난 수개월의 노력이 내일 판가름 나기 때문이었다. 밤잠을 설치며 긴장된 밤을 보냈다.

다음 날, 경기의 시작을 알리는 소리가 대회장에 울려 퍼졌다.

"우와! 저 선수 봐. 엄청난 속도로 내려오는걸."

톰킨스와 일행들은 다른 팀의 경기를 꼼꼼히 살폈다.

얼마 후, 톰킨스 팀이 호명됐다.

"파이팅!"

제일 먼저 톰킨스가 출발했다.

톰킨스는 몸을 낮추고 스키를 힘 있게 차며 달리기 시작했다. 앞에 보이는 만년설이 뒤덮인 장엄한 안데스 산맥의 정상에라도 깃발을 꽂고 올 수 있을 것만 같았다. 그런데 이때 칠레 선수가 톰킨스를 추월했다.

'어디 실력이 있으면 따라와 보시지. 내가 더 빠를걸!'

톰킨스는 설원 위에서 칠레 선수와 앞서거니 뒤서거니 하면서 치열하게 결승점을 향해 내리 달렸다.

그런데 승부욕만 너무 앞선 탓이었을까? 잘 내려가던 톰킨스가 한순간에 실격선 밖으로 벗어나고 말았다. 푸른 꿈에 부풀어 있던 앳된 열일곱 살 청년의 얼굴 위로 따가운 햇볕이 쏟아졌다. 스키 선수를 뽑는 예선전에서 꼭 이겨 집으로 돌아가리란 톰킨스의 야심찬 꿈은 물거품이 되고 말았다.

하지만 하고 싶은 일에 도전해 본 것만으로 훗날 많은 걸 안겨 준 경험이었다.

등산학교에서 움튼 작은 희망

"안전하게 산에 오르려면 제품이 가벼우면서도 강해야 돼.
지금 사용하는 도구들은 무겁고 실용적이지 않아.
내가 직접 등산 장비를 만들어야겠어."

톰킨스는 캘리포니아와 네바다 주의 경계에 있는 타호호 근처에서 카약을 타고 있었다. 단단한 나무를 곱게 이어 붙이고 그 위에 바다표범의 가죽을 덧댄 카약은 호수 위에서 물결을 따라 가볍게 일렁거렸다.

얼마 후, 햇볕이 톰킨스의 뒤통수를 뜨겁게 달구자 알 수 없는 허기가 밀려왔다. 톰킨스는 해안가로 방향을 돌렸다. 그리고 카약을 옆으로 길게 세워 들고 무작정 해변 도로를 걸었다.

이때 자동차 한 대가 다가왔다. 톰킨스는 손을 높이 들어

흔들며 몸을 앞세웠다.

"이봐요! 달리는 차에 뛰어들면 어떡해요!"

금발의 여자가 자동차 창문 밖으로 목을 길게 빼고 놀란 눈으로 소리쳤다.

"죄송하지만 휴게소 앞까지 차 좀 태워 주세요."

금발의 여자는 어안이 벙벙했다.

"이봐요……."

여자가 다음 말을 잇기도 전에 톰킨스는 트렁크에 카약을 싣고 운전석 옆 좌석에 털썩 앉았다.

뿌루퉁한 표정으로 운전을 하고 있는 여자에게 톰킨스가 먼저 말을 걸었다.

"전 더글러스 톰킨스라고 해요. 이 근처에서 산악 가이드로 일하고 있죠."

"산악 가이드요?"

"네. 산이 좋아서 시작했는데, 시간이 지날수록 타호호를 둘러싸고 있는 생태계들이 더 궁금해져요. 어떤 환경들이 이 아름다운 호수를 에워싸고 있는지……."

톰킨스가 진지하게 대답했다.

1962년 여름, 스키 국가 대표 선발전에서 탈락한 톰킨스는 타호호 근처에서 산악 가이드로 새로운 일을 시작했다. 단지 산이 좋아서 선택한 일이었다. 거기다 캘리포니아 호수 남서쪽 에메랄드 만에서는 사계절 내내 다양한 레저 스포츠를 맘껏 즐길 수 있었다.

"전 수지 러셀이에요. 지금은 네바다 주 근처 카지노에서 일하고 있지만 패션을 전공했어요."

수지 러셀은 그제야 톰킨스에게 미소를 지어 보였다.

톰킨스와 수지 러셀의 유쾌한 만남은 이후에도 계속 이어졌다. 그리고 그해 여름이 끝나갈 무렵, 두 사람은 겨우 60달러만 가지고 멕시코와 미국 서부로 함께 여행을 떠났다. 여행에서 둘은 많은 이야기를 나누었고 무척 가까워졌다. 그리고 그해 11월 톰킨스는 러셀과 결혼했다.

미국의 전형적인 중산층 가정에서 아쉬울 것 없이 자란 두 사람은 1년에 수개월을 광야에서 등산과 카약을 즐기며 자유롭게 살았다. 주머니 속사정이 홀쭉해져도 둘은 별로 개의치 않았다. 잘 곳이 마땅치 않아 오두막에 짐을 풀어도 총총 빛나는 밤하늘의 별들을 이불삼아 눈을 붙이면 그만이었다.

기온이 급격히 떨어지면서 캘리포니아 인근의 높은 산봉우리들은 금세 어둠 속으로 숨어들었다. 바위가 만들어 낸 골짜기 사이에선 강풍이 만들어 낸 불길한 바람이 쇳소리를 냈다. 그런데 이때 산봉우리를 타고 비명이 메아리쳤다.

"사람 살려. 사⋯⋯ 람 살려!"

등산을 하다가 발길을 돌릴 때쯤 톰킨스는 처음에 자신의 귀를 의심했지만 분명히 다급하게 구호를 요청하는 목소리였다. 그는 잰걸음으로 메아리가 들리는 쪽으로 발길을 옮겼다. 그곳은 산봉우리의 벼랑 끝이었다. 남자 한 명이 벼랑 끝에 안전 장비도 없이 아슬아슬하게 매달려 있었다.

"자, 어서 밧줄을 잡아요!"

톰킨스는 굵은 산악용 밧줄을 남자에게 힘껏 던졌다. 겨우 밧줄을 잡은 남자는 간절한 눈빛으로 톰킨스를 바라봤다. 벼랑 끝에 매달린 남자에게 돌풍이 세차게 부딪힐 때마다 남자는 아찔하게 흔들렸다. 수십 개의 돌덩어리들이 남자의 머리 위로 쏟아져 내렸다. 남자의 머리에는 이미 적은 출혈이 있었다. 안전 장비라고는 산악용 장갑이 전부인 남자는 톰킨스가 던진 밧줄에 의지한 채 생사의 기로에 매달려 있었다.

"이봐요! 누구 없나요? 여기 좀 도와줘요!"

톰킨스 혼자 성인 남자를 끌어올리기에는 힘이 부쳤다. 남자의 생명줄인 밧줄을 쥐고 있는 톰킨스의 팔에 힘이 점점 빠지고 있었다. 톰킨스 혼자만으로는 언제까지 버틸 수 있을지 확신이 서지 않았다.

"무슨 일입니까?"

한 무리의 사내들이 달려왔다. 밧줄 끝에 매달린 남자를 본 사내들은 톰킨스와 힘을 모아 밧줄을 끌어올렸다. 매달린 남자가 튀어나온 돌에 부딪히지 않도록 천천히 조심스럽게 밧줄을 당겼다. 그렇게 많은 사람들이 힘을 모은 끝에 남자는 죽음의 절벽을 겨우 올라올 수 있었다.

"조금만 더 늦었다면 정말 죽었을 겁니다! 안전 장비도 없이 이 험한 산을 왜 오른 겁니까?"

준비성 부족으로 위험에 빠졌던 남자에게 톰킨스는 화가 나 소리쳤다.

남자는 오랫동안 강풍을 맞아 얼굴에 동상이 걸려 아무런

대답도 하지 못했다.

"영하 20도가 넘는 산을 등산하면서 장비도 제대로 갖추지 않았으니……."

모여 있던 사람들은 안타까움에 혀를 끌끌 차며 말했다.

"저기 나뭇가지를 여러 개 겹쳐서 들것을 만듭시다."

톰킨스는 구조대가 올 수 있는 곳으로 남자를 옮기기 위해 사람들을 모았다.

남자는 안전하게 구조대에 의해 병원으로 옮겨졌고 목숨을 구할 수 있었다.

이 사건이 있은 후로 톰킨스의 머릿속이 복잡했다.

'사람들은 왜 안전 장비의 중요성을 이렇게 모르는 거지?'

당시에는 산에 오르는 대부분의 사람들이 안전 장비에 대한 지식이 부족해서 맨몸으로 산을 오르는 경우가 많았던 것이다. 톰킨스는 아내와 함께 이 일에 대해 의논했다.

"여보, 캘리포니아 근처에 등산학교를 세워보는 게 좋겠어."

"왜 하필 등산학교야?"

"제대로 준비도 하지 않고 무작정 산을 오르다가 사고를 당하는 사람들이 의외로 많아. 체계적인 안내와 필요한 장비를 꼼꼼히 챙겨서 등산을 한다면 분명 등산이 좀 더 즐거워질 거야. 무턱대고 산을 오르는 사람이 적어지면 아름다운 자연을 훼손하는 일도 줄어들겠지."

말하는 내내 톰킨스의 눈빛은 빛났다.

"당신 생각이 그렇다면 나도 힘껏 도울게."

1963년, 톰킨스는 등산학교를 설립하고 캘리포니아와 미국 서부의 가장 높은 산의 등산 루트를 만들었다. 자신의 등반 노하우를 사람들에게 직접 가르치기도 했다.

등산학교에 일이 없는 날이면 톰킨스는 장비 몇 개만을 간단히 챙겨서 온종일 암벽 등반을 하곤 했다.

어둠이 내려앉을 때까지 암벽 등반을 하던 어느 날이었다. 바위 사이로 강한 바람이 불어 톰킨스의 몸이 흔들거렸다. 순간, 정신이 아찔했다. 톰킨스는 가지고 있는 장비를 이용해 조심스럽게 몸을 움직였다.

그런데 강한 바람을 맞으며 무거운 등산 장비를 조정하기란 쉽지 않았다. 더구나 오래된 장비는 이음새가 많이 헐거워져 있었다. 더 이상 내려갈 수 없다고 판단한 톰킨스는 두 눈을 질끈 감고 아래로 뛰어내렸다.

쿵, 하는 소리와 함께 톰킨스의 몸을 둘러싸고 있던 등산 장비들이 바닥으로 떨어졌다. 다행히 톰킨스가 떨어진 곳은 엉겅퀴 덤불 속이었다. 톰킨스는 허리에 부상을 입었지만 심각한 정도는 아니었다.

'그래. 안전하게 산에 오르려면 제품이 가벼우면서도 강해야 돼. 지금 사용하는 도구들은 무겁고 실용적이지 않아. 내가 직접 등산 장비를 만들어야겠어.'

이 일을 계기로 톰킨스는 등반이나 암벽, 스키 트레킹의 장비를 개선하는 데 열정을 쏟았다.

1966년, 톰킨스는 500달러를 빌려 친구 케네스 합 클롭과 함께 샌프란시스코 북쪽 해변가 한 구석에 등산 장비를 판매하는 작은 가게를 열었다. 진열대 한 개와 책상 하나가 고작이었지만 꼭 필요한 등산 장비는 모두 갖추고 있었다.

하루는 톰킨스가 집에 들어가지도 않고 가게에서 밤을 꼬박 새웠다. 다음 날 아침, 가게로 출근하는 클롭과 아내에게 소리쳤다.

"노스페이스! 앞으로 우리 회사의 이름은 노스페이스야!"

클롭과 아내는 톰킨스가 외치는 소리에 깜짝 놀랐다. 톰킨스는 두 사람에게 브랜드 디자인 도면까지 펼쳐 보였다.

"수천 미터급 높은 봉우리 중에서 북쪽 코스가 가장 험난해. 가파른데다 날씨마저 예측할 수 없지. 거대한 자연에 도전하는 인간의 정신과 불굴의 의지를 상징하는 '노스페이스'를 회사 이름으로 하는 거야. 어때?"

"멋진 이름이에요!"

"우리 회사 이름으로 딱이군."

아내와 클롭은 고개를 끄덕이며 동의했다.

'노스페이스'

샌프란시스코 북쪽 해변에서 희망은 솟아나고 있었다.

피츠로이 산을 오르다

"톰킨스 일행은 그들의 이름이 새겨진 깃발을 꽂고
서로 부둥켜안았다. 하염없이 눈물이 흘렀다.
산을 정복해 보겠다는 오만함은
거대한 자연 앞에서 무릎을 꿇게 만들었다."

톰킨스는 가게를 운영하면서 알게 된 이본 취나드를 찾아
갔다. 이본 취나드는 등산 장비 업계에선 손재주가 뛰어나기
로 유명한 사람이었다.

취나드가 일하고 있는 창고 안에서 뿜어져 나오는 열기는
실로 어마어마했다. 섭씨 천 도가 넘는 용광로 앞에서 취나드
는 반팔 티셔츠에 반바지만 입고 벌겋게 달아오른 쇳조각을
쇳물에 수십 번씩 담금질을 하느라 구슬땀을 흘리고 있었다.

"작업은 잘 돼 가?"

톰킨스는 취나드에게 다가가 말을 걸었다.

"어! 자네 왔나? 그런데 가게는 어쩌고 온 건가?"

취나드가 하던 일을 멈추고 톰킨스에게 다가서며 말했다.

"취나드, 나랑 같이 여행 갈 생각 없나?"

톰킨스는 단도직입적으로 말했다.

"뜬금없이 뭔 소린가?"

이마에 맺힌 땀을 닦으며 취나드가 말했다.

"며칠 전부터 생각한 일이야. 이대로는 도저히 지낼 수가 없겠어."

처음에는 장난이겠거니 생각했던 취나드는 진지한 얼굴로 자신을 바라보고 있는 톰킨스를 보며 말을 이었다.

"자네 가게는 어떻게 하고? 바쁘지 않은가?"

"가게는 잠시 쉬려고. 지구의 끝으로 여행이 가고 싶어졌어."

자유분방한 톰킨스는 그동안 가게 일이 바빠 여행을 자주 다닐 수 없었다. 취나드 역시 여행을 좋아했기 때문에 망설이지 않았다.

"좋아. 한번 떠나 보자고!"

1968년 톰킨스가 제안한 모험에는 취나드 외에도 당시 최고의 스키 챔피언이었던 딕 드로우와 영국의 소설가 크리스 존스가 합류했다.

그들은 낡은 6인승 미니버스에 간단한 짐과 스키와 등반 장비를 싣고 아르헨티나의 남쪽 끝 파타고니아를 향해 6개월간의 긴 여행을 떠났다.

파타고니아의 북쪽 사막 곳곳에는 죽은 야생동물의 뼈가 널브러져 있었다. 타조들은 목을 빼고 그 위를 지나다녔다. 낯설지만 이곳에서만 볼 수 있는 풍경이었다.

"피츠로이 등반 후 우린 어떤 모습일까? 설마 저렇게 뼈만 남은 채로 사막을 뒹굴고 있진 않겠지?"

차창에 무심코 코를 박고 있던 드로우가 말했다.

"걱정 마. 우린 반드시 살아서 다시 이 길을 지나가게 될 거야. 남들이 불가능하다고 해도 우린 해낸 적이 많았잖아."

톰킨스가 힘주어 말했다.

한참을 달리던 미니버스는 황량한 계곡 앞에 멈춰 섰다.

더 이상 버스가 오를 수 없었다. 그들은 꼭 가져가야 할 짐만 챙겨 저마다 어깨에 짊어졌다. 본격적인 모험이 시작되었다.

파타고니아의 날씨는 이상할 정도로 변덕이 심했다. 아침에는 맑았다가 오후에는 비가 오고 저녁이 되면 눈이 내렸다. 장거리 여행으로 몸이 천근만근인 톰킨스와 친구들은 높은 협곡 사이에 아슬아슬하게 걸쳐 있는 구름다리 위를 조심스럽게 건너갔다.

날은 금세 어두워졌다. 더 이상 이동할 수 없었다. 하룻밤 묵을 곳이 필요했다. 하지만 주변은 온통 어둠뿐이었다.

그때, 톰킨스가 외쳤다.

"저기 봐! 대피소가 있어."

"아무것도 없을 줄 알았는데, 다행이야."

대피소는 아르헨티나 원정대가 묵었던 곳이었다. 그곳으로 들어가 하나둘 짐을 풀었다. 긴장이 서서히 풀리며 너나 할 것 없이 스르륵 잠이 들었다.

다음 날 아침 톰킨스와 친구들은 장비를 챙겨 등반에 나섰다. 지도에도 나와 있지 않은 피츠로이였다. 그들은 누구도 간 적이 없는 이 길을 선택했다.

바위를 수도 없이 타고 내린 직후였다. 갑자기 눈보라가 불어닥쳤다. 크고 작은 돌들이 떨어져 나뒹굴었다.

"조심해. 톰킨스, 오른쪽으로 몸을 피해!"

앞서 오르던 드로우가 소리쳤다.

톰킨스는 순발력을 발휘해 오른쪽으로 간신히 몸을 돌렸다. 아래에서 이 모습을 지켜보던 취나드가 위험한 상황을 감지하고 그 둘을 향해 다급하게 소리쳤다.

"이봐! 오늘은 더 이상 산을 오를 수 없겠어. 이만 철수하자고!"

"그래, 이 상태로는 무리겠어."

존스도 동의했다.

그들은 등반을 멈추고 철수했다.

어느새 날이 저물고 있었다. 톰킨스와 친구들은 삽으로 눈을 퍼 날라 암벽 사이를 메워 설동*을 만들고 그 안에서 휴식을 취했다.

"이곳에서 얼어 죽지 않을 유일한 방법은 이것뿐이야."

★ **설동** 눈 속을 파서 만든 구덩이로 등산하는 사람들이 잠을 자거나 물건을 넣어 둡니다.

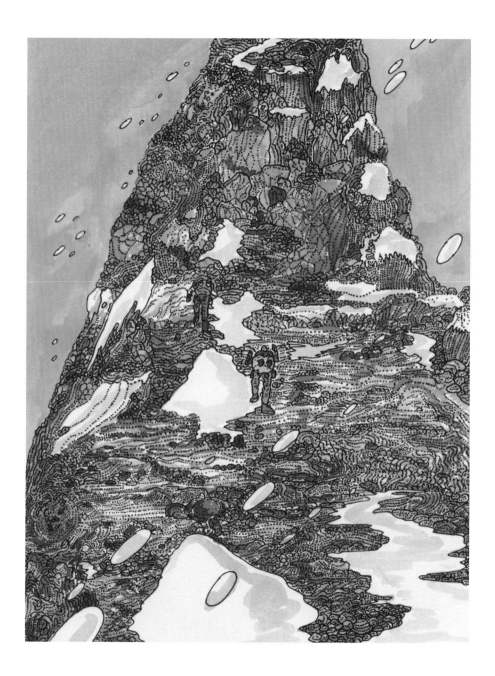

드로우가 말했다.

"날이 밝을 때까지 다들 눈 좀 붙여. 내일은 더 일찍 움직여야 할지 몰라."

톰킨스가 조금은 지친 목소리로 말했다.

눈 속을 깊게 파서 만든 동굴은 편히 누워 잠자기에는 비좁고 차가웠지만 바깥 기온에 비하면 이 정도면 충분히 아늑했다.

다음 날, 다행히 구름 한 점 없이 맑은 하늘을 볼 수 있었다. 공기는 깨끗했다. 톰킨스 일행은 한결 가벼워진 몸으로 다시 등반길에 올랐다. 하지만 행복한 순간도 잠시 뿐이었다.

"큰일이야. 설벽이 우리를 가로막고 있어."

톰킨스가 말했다.

"올라갈수록 눈이랑 얼음 덩어리가 계속 무너져 내릴 거야. 우린 빙벽 경험도 없잖아. 등반이 불가능할 것 같은데……."

드로우가 걱정스러운 눈빛으로 말했다.

"아니. 할 수 있어. 예전에 이곳과 비슷한 빙벽을 탄 적이 있어. 내가 앞장설게."

취나드가 자신 있게 말했다.

가장 먼저 설벽을 오르기 시작하는 취나드를 따라 친구들도 조심스럽게 올랐다. 취나드가 발을 뗄 때마다 혹시 헛딛지는 않을까 조마조마했다. 하지만 취나드는 거침없이 설벽을 올라갔다.

그때였다. 갑자기 산 위에서 큰 바위만 한 눈덩어리들이 떨어졌다.

"위험해. 취나드!"

톰킨스가 외쳤다.

"아악!"

취나드는 로프를 잡은 채 수십 미터 아래로 미끄러졌다. 다행히 눈덩이는 그의 옆을 스치고 바닥으로 떨어졌다. 취나드가 괜찮다는 신호를 보내며 다시 설벽을 오르자 톰킨스와 친구들은 놀란 가슴을 쓸어내렸다. 곧 취나드가 다시 앞장섰고, 그렇게 2천 미터 이상의 봉우리를 차근차근 올랐다.

"이제 정상이 얼마 안 남았군."

취나드가 말했다.

"피츠로이가 텃새 한번 제대로 부리는군."

톰킨스가 웃으며 말했다.

"갑자기 고향이 그리워지는데……."

존스가 말했다.

산 정상에 가까워져오자 톰킨스 역시 집에 있는 가족들이 눈앞에 아른거렸다. 사랑하는 두 딸과 혼자서 가정을 꾸리고 있을 아내에게 미안했다.

"톰킨스, 괜찮아?"

드로우가 톰킨스의 어깨에 손을 올리며 말했다.

"그럼, 괜찮아. 주위를 둘러보라고. 얼마나 멋진 풍경인가!"

톰킨스는 힘주어 말했다.

톰킨스와 친구들이 설벽을 밟고 올라설 때마다 새로운 길이 만들어졌다. 점점 눈앞에 피츠로이의 울퉁불퉁한 봉우리들이 보이기 시작했다.

마침내 피츠로이의 정상에 도착했다.

"야호! 드디어 정상이야!"

취나드가 소리쳤다.

"드디어 우리가 해낸 거라고! 거봐, 우린 반드시 살아 돌아갈거라고 했잖아."

톰킨스 역시 기쁨을 감추지 못했다.

"야호!"

존스와 드로우도 환호성을 질렀다.

톰킨스 일행은 그들의 이름이 새겨진 깃발을 꽂고 서로 부둥켜안았다. 하염없이 눈물이 흘렀다. 산을 정복해 보겠다는 오만함은 거대한 자연 앞에서 무릎을 꿇게 만들었다.

한편, 톰킨스와 친구들이 긴 여행을 하는 동안 톰킨스의 아내는 어린 두 딸과 가족의 생계를 책임져야 했다. 그때 아내의 친구인 제인이 그녀에게 의류 사업을 제안했다.

"러셀, 네 전공도 살릴 겸 나랑 같이 사업해 보지 않을래?"

"무슨 사업?"

"일단 의류 소매업으로 시작해서 이윤을 남기면 회사를 더 확장시키는 거야? 어때?"

러셀은 제인의 제안이 나쁘지 않았다. 고민 끝에 러셀은 의류 사업을 해 보기로 결정했다. 회사 이름은 프랑스어로 '순수함'을 뜻하는 '에스프리'라고 지었다.

처음에는 사람들이 에스프리의 옷을 거들떠보지도 않았

다. 하지만 러셀과 제인의 감각으로 최신 유행을 파악하며 독특한 디자인의 옷을 선보이자 사람들의 반응이 달라지기 시작했다. 의류 판매가 점점 늘어나자 러셀과 제인은 이 일에 자신감이 생겼다.

그러던 어느 날, 밤샘 작업을 마치고 러셀이 옷감을 정리하고 있을 때였다.

딩동! 딩동!

"누구세요?"

"……."

현관문 앞에서 몇 번이고 물어봤지만 아무 대답도 들리지 않았다. 러셀은 잘못 들었나 싶어 옷감을 마저 정리했다. 그런데 어디선가 낯설지 않은 목소리가 희미하게 들려왔다. 남편 톰킨스의 목소리 같기도 했다. 러셀은 얼른 현관문 쪽으로 뛰어가 문을 열었다. 문 앞에는 온몸이 만신창이가 된 톰킨스가 서 있었다.

"여, 여보! 어떻게 된 일이에요?"

"살아 돌아온 것만으로도 기적이야……."

톰킨스가 힘없는 목소리로 말했다.

러셀은 반년 만에 나타난 남편의 몰골을 보고 기겁을 했다. 톰킨스는 자초지정을 말할 새도 없이 기진맥진하여 아내 앞에 그대로 쓰러졌다.

노스페이스의 성공, 그리고 새로운 삶

"마음속 깊이 자연을 동경하고 살아온 톰킨스에게
현재의 사회 시스템은 자연을 파괴하고 있는 게 분명했다.
게다가 자신이 그런 일을 더 부추긴 것 같아
한없이 죄책감이 들었다."

1968년, 노스페이스는 버클리의 매장 뒤편에 공장을 지어 봉제 기계를 들여놓고 본격적으로 기능성 등산 의류와 장비를 만들기 시작했다. 자연을 훼손시키지 않으면서도 장비를 개선하는 일은 여전히 그에게 풀지 못한 숙제였다.

"내가 여러 번 고산을 넘어 봤지만 그때마다 제일 두려웠던 건 추위와 비바람이었소."

"맞아요. 그런 날에는 꼼짝없이 얼어 죽을 지경이지."

톰킨스는 등반가들의 경험을 최대한 살려 실용적인 아웃도어 옷을 만들고 싶었다.

"그럼 어떤 옷이 최악의 날씨에 잘 어울릴 수 있는지 한번 디자인해 보시는 건 어때요?"

등반가들은 톰킨스의 제안이 반가우면서도 당황스러웠다.

"우리야 산이 좋을 뿐인데, 그런 엄청난 일을……. 그리고 옷 만드는 데는 당신이 전문가잖소?"

"그건 중요하지 않아요. 산악인들의 경험이 녹아든 옷이야 말로 여러분들에게 도움이 되는 옷이죠."

등반가들은 톰킨스의 소탈함이 마음에 들어 흔쾌히 제안을 받아들였다.

1969년, 경험이 많은 등반가들이 직접 디자인한 '시에라 파카'가 출시되었다. 가볍고 실용적인 시에라 파카는 당시 등반가들에게 가장 견디기 힘들었던 추위와 비바람을 동시에 막아 줄 수 있어 노스페이스의 이름을 널리 알리는 데 큰 역할을 했다.

이보다 1년 앞서 출시된 '슬리핑 백'은 도보 여행 열풍을 일으키기도 했다. 세계 최초로 침낭에 최저 온도를 표시해 놓아 보다 안전하게 잠을 잘 수 있게 된 것이다. 당시 노스페이스가 자리 잡고 있던 캘리포니아 버클리 주는 반전문화와 히

피문화를 통해 젊은이들이 기존의 틀에 얽매이지 않고 자연으로 돌아가자는 슬로건을 내걸며 야외 활동이 폭발적으로 늘어나던 시기였다. 자연을 해치지 않으면서 최대한 인간 스스로의 힘으로 이동할 수 있게 설계된 제품들은 기존의 상식을 뛰어넘었다. 혁신적인 스타일의 노스페이스는 아웃도어 의류 업계에 새로운 돌풍을 일으켰다.

어느 날 밤이었다. 톰킨스는 가게 문을 닫고 퇴근도 하지 않은 채 책상에 앉아 무언가에 골똘해 있었다.

'이 이론이 사실이라면 우리 제품에 응용해 봐도 좋을 거 같단 말이지.'

톰킨스는 종이에 무언가를 계속 써 가며 혼잣말을 했다.

톰킨스를 단번에 사로잡은 이론가는 건축가이자 수학자인 리처드 벅민스터 풀러 박사였다.

밤을 꼬박 새고 난 다음 날, 톰킨스는 아침 일찍 풀러 박사의 연구실을 방문했다.

"박사님, 저는 등산 장비를 만들고 있는 더글러스 톰킨스라고 합니다. 박사님의 이론을 토대로 등산 장비를 만들고 싶어서 찾아왔습니다."

톰킨스는 자신들이 만들려는 제품에 풀러 박사의 이론을 도입할 수 있을지 궁금했다. 1970년대 초반, 당시 20세기의 레오나르도 다빈치라고도 불리던 리처드 벅민스터 풀러 박사와의 인연은 이렇게 시작됐다.

"이쪽으로 앉으세요."

풀러 박사는 흰색 가운 안에서 이제 막 낳은 따뜻한 달걀 하나를 꺼내 들었다.

"자, 갓 낳은 달걀입니다. 생명을 품고 있는 알은 모두 구형으로 생겼죠. 그 이유가 뭘까요?"

풀러 박사가 물었다.

"둥근 모양의 알은 어디서 힘을 받든지 그 면적이 다 똑같아서 내구성이 뛰어나기 때문입니다."

톰킨스가 말했다.

풀러 박사는 톰킨스를 바라보며 싱긋 웃어 보였다.

풀러 박사는 이번엔 갑자기 둥근 달걀을 주먹 안에 꽉 움켜쥐며 말했다.

"달걀에 힘을 주면 깨지잖아요."

톰킨스가 당황하며 말했다.

"과연 그럴까요?"

풀러 박사는 달걀을 주먹으로 꽉 쥐는가 싶더니 다시 둥글게 말았던 주먹을 쫙 폈다. 그런데 달걀이 깨지지 않고 고스란히 있는 게 아닌가.

"달걀을 주먹으로 움켜쥐면 그 힘이 한군데 집중되는 것이 아니라 달걀 표면 전체로 힘이 흩어지기 때문에 웬만해선 깨지지 않죠."

톰킨스는 고개를 끄덕거렸다.

풀러 박사는 '알은 모두 구형으로 외부의 힘에 가장 강한 모습을 보여 준다'는 구형이론을 주장한 학자였다.

풀러 박사와 만난 후 톰킨스는 알이 가진 형태의 힘을 어떻게 산악 용품에 접목시킬 수 있을까 깊은 고민에 빠졌다.

'알은 생명체가 태어나기 이전에 머무는 작고 안전한 집이야. 그렇다면……, 그래! 텐트!'

톰킨스는 험난하고 강풍이 부는 산에서 사람들을 지켜 주는 안전한 집이 텐트라고 생각했다. 지금까지의 텐트는 봉을 세워 천을 덮는 형태가 전부였다. 알의 모양과 같이 둥근 형태의 텐트를 생각한 것은 톰킨스가 처음이었다. 톰킨스는 곧바로 돔 모양의 텐트를 직접 만들기 시작했다. 동업자 클롭과 함께 며칠 밤을 꼬박 새며 돔 모양의 텐트를 만들고 부수기를 수없이 반복했다. 그리고 마침내 돔 형태의 텐트 모형을 완성했다.

"기존 텐트들은 바람만 불어도 한쪽으로 맥없이 넘어졌는데, 이런 돔 형태라면 아무리 센 바람을 만나도 끄떡없겠는걸."

클롭이 말했다.

"이누이트 족들이 사는 이글루를 생각해 봐. 영하 수십 도의 혹한에서도 그렇게 오래 버티는 데는 다 그만한 이유가 있는 거였어. 이건 그냥 이론이 아니라 과학이야. 과학!"

톰킨스는 신 나서 외쳤다.

그들은 그 후로도 수십 번의 테스트를 거쳐 여러 가지 결점을 보완했다. 그리고 1975년, 지금까지 나온 적이 없는, 돔형 텐트인 '오바르인텐션'을 공개했다.

최소의 면적으로 최대의 용적*과 강도를 얻을 수 있는 이

돔형 텐트는 실제로 이듬해 파타고니아로 원정을 나선 대원들에게 시속 20킬로미터로 불어오는 폭풍설을 만났을 때, 그 진가를 발휘했다. 기존의 텐트들은 죄다 날아가 변을 당했지만 유일하게 이 돔형 텐트를 쓴 대원들만은 목숨을 잃지 않았던 것이다. 원정 대원들 사이에선 입소문이 빠르게 번져갔다.

"그 소식 들었어?"

"뭐?"

"오바르인텐션."

"오바르인텐션 텐트에 있던 대원들만 살아남았대."

"텐트가 둥글게 생겨서 미심쩍었는데 다시 봤다니깐⋯⋯."

"톰킨스라는 사람, 정말 굉장해."

이 사건은 기존의 상식을 뛰어넘은 제품을 만들어 혁신을 이루어 냈다는 점에서 노스페이스의 인지도를 한층 더 끌어올렸다.

1980년대 말 노스페이스는 미국에서 등산 용품뿐 아니라 스키 제품까지 다양한 영역을 개척한 유일한 업체로 인정을

★ **용적** 물건을 담을 수 있는 부피입니다.

받았다.

어느새 노스페이스는 가장 유명한 브랜드가 되어 있었다. 그는 전 세계 60여 개국에서 사업을 운영하는 다국적 기업의 백만장자 사장이 되었다.

"이봐. 톰킨스, 거리에 한번 나가 봐. 온통 노스페이스가 걸어 다닌다고. 젊은이들의 배낭에 우리 로고만 눈에 들어와. 이 안에 있는 기계를 다 돌려도 오늘 안에 주문량을 못 맞추겠는걸."

동업자 클롭이 흥분하며 말했다.

"그렇군. 이런 날이 이렇게 빨리 오다니!"

톰킨스는 겉으론 담담히 말했지만 맘속엔 뜨거운 기쁨이 들끓고 있었다.

톰킨스 부부가 만든 노스페이스와 에스프리는 세계적 기업으로 나날이 승승장구했다. 시간이 지날수록 더 많은 산을 깎아야 했고 공장의 굴뚝은 늘어만 갔다. 하지만 그동안 너무 앞만 보고 달렸던 탓일까? 톰킨스의 삶에 갑자기 제동이 걸렸다.

공장이 세워진 주변에선 환경 단체들과 마을 사람들이 모여 오염된 하천의 사진과 무시무시한 구호가 적힌 피켓을 들고 시위를 했다.

"물러가라! 물러가라! 주거 환경을 위협하고 환경을 오염시키는 주범자는 물러가라!"

톰킨스는 우연히 그 옆을 지나가다 환경 단체 사람들에게 쓴소리를 듣기도 했다.

"이봐요. 톰킨스 씨! 당신도 환경오염에 책임이 있소. 당신은 다국적 기업의 사장이란 말이오."

"제가 왜……."

"그걸 모른다면 당신은 깨끗한 기업인이 아니오!"

톰킨스는 왜 자신에게 비난의 화살이 돌아왔는지 의아해했다.

"지금 당장 당신네 회사로 가서 주변 환경을 두 눈으로 똑똑히 보시오!"

톰킨스는 곧장 자신의 제조 공장으로 달려가 봤다. 공장

인근의 하천과 산들이 검푸른 빛을 띠고, 합성섬유를 제조하는 과정에서 유독성 물질이 주변 농작물과 환경을 오염시키고 있었다. 톰킨스가 그 사실을 모를 리 없었지만 기업이 승승장구하는 동안 애써 무시하고 있었다.

'세상에! 내가 그동안 대체 뭘 하고 있었던 거지?'

톰킨스는 자신이 해 왔던 일에 대해 깊은 회의감이 물밀듯이 밀려왔다.

그 이후, 톰킨스는 회사 공장 굴뚝이 늘어나는 것보다 공장 굴뚝에서 뿜어져 나오는 연기들이 주변 자연환경에 어떤 영향을 끼치는지에 더 마음이 쏠렸다.

'새로운 제품들을 수없이 쏟아 내는 공장들은 어디서 저 자원들을 동원하는 걸까? 저 자원들은 언제까지 쓸 수 있을까?'

화려하게 펼쳐지는 패션쇼를 관람하면서 톰킨스는 자꾸 파타고니아에서 보았던 피츠로이의 자연이 떠올랐다.

'우리가 만들려는 제품은 유한한 것들이야. 생명력이 아주 짧지. 불과 10년도 되기 전에 다시 폐기처분돼 버린다고. 지속 가능한 것은 없을까?'

그는 전 세계에 수십 개의 가맹점과 매장을 거느린 기업체의 사장이었지만, 자신이 꿈꾸던 삶은 이런 게 아니라는 생각이 자꾸만 그의 발목을 잡았다.

그러던 어느 날, 톰킨스는 『심층 생태학*(자연을 중요시하는 삶)』이란 책을 읽게 되었다. 이 책은 톰킨스의 인생을 송두리째 바꾸어 놓았다.

그동안 앞만 보고 달려왔던 톰킨스의 삶에 브레이크를 거는 것만 같았다. 지구는 수많은 생태계로 이루어져 있고, 인간 역시 그중 일부일 뿐이라는 사실을 알려 줬다. 또 인간은 수많은 종과 함께 더불어 살아가야 하고, 인간에게 자연을 훼손시킬 자유는 없다고 말하고 있었다.

순간, 톰킨스는 머리가 멍해졌다.

톰킨스는 이제부터라도 다른 삶을 살기로 마음먹었다. 새로운 삶을 살기 위해서는 아내와 함께 의논해야 했다.

"뭐라고요? 사업을 정리하고 당신과 함께 환경 보존 운동을 하자고요?"

★ **심층 생태학(Deep Ecology)** 세계적인 명성의 산악인이자 노르웨이의 철학자 아르네 네스는 인간과 자연뿐만 아니라 세계의 모든 것이 상호적으로 연결되어 있다고 말했습니다. 환경 문제를 해결하기 위해서는 사회와 문화 구조 안에서 근본적인 뿌리를 찾아야 한다고 주장했습니다.

아내는 예상치 못한 톰킨스의 말에 펄쩍 뛰었다.

"여보, 우린 제법 젊은 나이에 백만장자도 되어 봤고, 그동안 하고 싶은 일도 실컷 하면서 살아왔잖아? 유행을 쫓으며 패션쇼를 여는 일도 이제 그만두겠어! 이제부터라도 다른 삶을 살아보고 싶어."

마음속 깊이 자연을 동경하고 살아온 톰킨스에게 현재의 사회 시스템은 자연을 파괴하고 있는 게 분명했다. 게다가 자신이 그런 일을 더 부추긴 것 같아 한없이 죄책감이 들었다. 톰킨스는 아내의 얼굴을 바라보며 계속 말을 이었다. 하지만 아내는 톰킨스의 얼굴을 쳐다보지도 않았다.

"여보, 당신의 생각을 존중해요. 하지만 환경 운동은 나중에라도 할 수 있잖아요? 오늘 못 하면 내일 할 수도 있고요."

아내는 톰킨스를 설득하려 했다.

"아니. 내일은 늦어."

톰킨스가 단호하게 말했다.

톰킨스는 당장 자연으로 돌아가서 사라져 가는 생물의 다양성을 보존해야 한다고 말했다.

"지금 회사가 어떤 상황인 줄 누구보다 잘 알잖아요. 이대로 회사 일을 그만둘 수는 없어요."

아내 역시 자신의 생각을 굽히지 않았다.

시간이 흘러도 둘의 다른 생각은 좀처럼 좁혀지지 않았다. 아내의 반대에도 불구하고 톰킨스는 버려진 목장을 사들이기 시작했다. 개발로 인해 얼마 남지 않은 숲이라도 보호해야 한다는 생각을 행동으로 옮긴 것이다.

결국, 러셀과 톰킨스는 각자의 삶을 살기로 결정하고 헤어졌다. 톰킨스는 상당수의 회사 지분을 러셀에게 넘겼다.

'지금부터라도 자연에 귀를 기울이는 일을 하자!'

톰킨스는 입술을 굳게 다물고 강한 의지를 내비치며 천천히 새로운 삶 속으로 들어갔다.

나무와 숲과 땅을 지켜 내다

"자연은 늘 이렇게 인간을 넉넉히 품어 주는데,
인간은 왜 자연과 함께 살아가지 못하는 걸까?"

톰킨스는 자연보호 차원에서 캐나다의 토지를 매입하기 시작했다. 그리고 1990년, 제리 맨더라는 작가와 함께 '생태 보호 운동 재단'을 설립했다. 인간은 자연의 일부이기에 인간의 목적으로만 자연을 이용할 수 없다는 것이 재단의 설립 목적이었다.

재단이 설립되고 얼마 지나지 않아 톰킨스에게 한 통의 전화가 걸려왔다. 톰킨스의 친구이자 고대 숲 전문가로 활동 중인 릭 클라인이었다.

"톰킨스, 지금 칠레의 어느 청정 지역이 벌목꾼들에게 넘어갈 것 같아."

클라인이 말한 곳은 칠레 남부 푸콘의 카니숲이었다. 칠레에서는 '고대인들의 숲'이라 불리는 원시림이었다.

"클라인, 일단 내가 갈 때까지 목장 주인이랑 시간을 끌고 있어. 그 숲을 내가 살 테니까."

수화기 너머로 들리는 친구의 한숨 소리가 톰킨스의 마음을 더 바쁘게 했다.

'지구의 허파라 불리는 숲이 벌목꾼들의 톱날에 댕강댕강 잘려 나가고 있다니…….'

톰킨스는 곧장 비행기를 타고 칠레로 갔다. 그러고는 목장 주인을 설득해 광활한 온대우림이 펼쳐진, 1천7백 헥타르에 이르는 레니우 농장을 샀다. 계약서에는 벌목을 철저히 금지시킨다는 조항을 포함시켰다.

'이런 일이 계속 반복되게 둘 순 없어.'

1993년, 톰킨스는 토지 소유자가 영구적으로 토지의 사용을 제한하는 보존토지신탁 재단을 설립했다.

그즈음 톰킨스는 크리스틴 맥디빗을 만나 재혼했고, 그녀와 함께 칠레 최남단으로 향했다. 젊은 시절 톰킨스에게 대자연의 위대함을 알게 해 준 곳. 바로 파타고니아였다. 파타고니아 땅을 밟는 순간, 톰킨스는 그때 느꼈던 자연의 웅장함이 가슴속에서 벅차올랐다.

'자연은 늘 이렇게 인간을 넉넉히 품어 주는데, 인간은 왜 자연과 함께 살아가지 못하는 걸까?'

톰킨스와 맥디빗은 오랜 시간에 걸쳐 칠레 남부 피오르도 해안에 도착했다.

"말씀 좀 여쭙겠습니다. 이곳이 혹시 피오르도 해안입니까?"

톰킨스가 지나가는 어부에게 물었다.

이정표 하나 표시되어 있지 않은 막연한 길을 오로지 직감으로 찾아오느라 애를 먹은 두 사람이었다.

"그렇소만……."

어부는 낯선 두 사람을 여행 삼아 놀러 온 것으로 생각했는지 퉁명스럽게 말했다.

"고맙습니다."

톰킨스와 맥디빗은 고개 숙여 인사했다.

"보아하니 여행객 같진 않은데……."

"네. 저희 부부는 이곳에 살러 왔습니다."

"뭐요? 여기에서 살겠다고요? 아무것도 없는 황량한 이 땅에 외국인인 당신들이 왜 살겠다는 거요?"

노인은 톰킨스 부부가 탐탁지 않았다.

"이 땅은 자연 그대로의 아름다움이 가득한 축복 받은 땅입니다. 정말 아름다워요."

톰킨스는 눈앞에 펼쳐진 풍경을 바라보며 말했다.

멀리 보이는 산봉우리에는 하얀색 크림을 찍은 것 마냥 흰 눈이 살포시 앉아 있었다. 산 바로 앞에는 푸른 바다가 넘실대고, 때마침 무리 지어 이동 중인 돌고래 떼가 뛰어올랐다.

톰킨스는 맥디빗의 어깨를 꼭 감싸 안았다.

"정말 아름다워요. 이 지구상에 아직 이런 곳이 존재하다니……."

빼어난 경관에 맥디빗은 말을 잇지 못했다. 톰킨스는 애정 어린 눈으로 자연과 맥디빗을 번갈아 바라봤다.

"풍경 감상이나 할 거면 얌전히 며칠 머물다 가시오. 괜히 조용히 사는 사람들 마음 어지럽게 하지 말고!"

노인은 톰킨스와 맥디빗을 매섭게 쏘아보고는 획 자리를 떴다.

"여기 사람들은 우리가 싫은가 봐요."

맥디빗이 불안한 눈으로 말했다.

"걱정하지 말아요. 우리가 어떤 일을 할지 모르고 하는 말이니까."

톰킨스는 푸른 하늘을 바라보며 미소 지었다.

다음 날부터 톰킨스 부부는 주변의 버려진 농장이나 보존 가치가 있다고 판단되는 땅을 매입하기 시작했다. 생태학적으로 거대한 물을 저장하고 있는 곳의 땅을 구입한 뒤 자연 상태로 복원시켜 국립공원 관리국에 기증하려는 것이었다.

톰킨스 부부는 보존 가치가 있는 토지를 발견하면 어디든지 달려가 훼손된 자연을 복원시키는 일에 앞장섰다. 그중에는 파타고니아도 있었다. 지구상에서 마지막으로 남아 있는 온대우림 중 3분의 1이 칠레 파타고니아 부근에 분포되어 있었다. 온대우림은 빗물이 빚어낸 숲답게 습기가 많아 겨울에도 식물들이 계속 생장한다. 수천 년 된 고목과 독특한 서식 환경을 가진

희귀 생물들은 생태계의 보고로서 가치가 높았다.

"여보, 주변 생태계를 조사해 보니 이곳이 퓨마들의 주요 서식지인 것 같아요."

"나도 그렇게 생각해. 어서 그 땅을 구입하도록 합시다."

"그런데 이곳 초원이 엉망이에요."

"우선 이 땅을 회복시키는 일이 급하겠군. 그러고 나서 퓨마의 서식지를 보호하는 일을 해 보자고."

남미 사람들은 농경지와 목축지를 만들기 위해 숲 속의 나무를 함부로 베었다. 그 일대 땅은 금세 황폐해졌다. 이렇게 되면 이곳의 생태계가 제 기능을 상실하는 건 시간 문제였다.

톰킨스는 점점 많은 땅을 사들였다. 국가가 아닌 개인이 많은 땅을 소유하게 되자 칠레와 아르헨티나는 톰킨스 부부를 경계하기 시작했다. 그리고 원주민들 사이에서 이상한 소문들이 돌기 시작했다.

"어휴, 그 외국인 부부 때문에 정말 못 살겠어요."

"누가 아니래요. 뉴욕에서 백만장자였다는데, 왜 하필 남의 나라에 와서 땅을 사들이는지 원……."

"그뿐이에요? 우리 일자리도 빼앗고 사람들도 내쫓고 있잖아요."

주민들은 모였다 하면 톰킨스에 대해 한마디씩 말했다.

"혹시 그 얘기 들었어요? 톰킨스 부부가 나중에 지구에 물 부족 사태가 오면 둘만 살아남으려고 대형 물 저장소를 만들 거래요."

"있는 사람들이 더 하다니깐."

"심지어는 이곳에 핵폐기물장을 세울 거래요."

"어머머! 핵발전소를 세워 필요한 건 다 써먹고 쓰레기는 이곳에 버리시겠다?"

"역시 그런 시커먼 속이 있을 줄 알았다니깐."

주민들은 톰킨스가 북미의 큰 회사의 사장이었다는 사실을 귀동냥으로 들어 익히 알고 있었다. 주민들은 손사래를 쳐 가며 말을 보탰다.

"우리가 먹고살 것도 없는데 무슨 퓨마 공원까지 만든다고……."

주민들 중에는 톰킨스 부부를 두고 혀를 끌끌 차는 사람도 있었다.

발 없는 소문은 꼬리에 꼬리를 물고 눈덩어리처럼 부풀어

올랐다. 하지만 톰킨스 부부는 개의치 않았다. 이미 이곳에 발을 들여놓기 전부터 충분히 예상했던 일이었기 때문이다. 그들은 보존할 가치가 있는 땅이 있으면 주저 없이 달려가 그 땅을 지켜 냈다.

지구 끝에서 핀 희망, 푸말린 국립공원

"생태계에 대해 제대로 알지 못한 채
개발에만 치중한다면 끝은 뻔합니다.
이제부터라도 자연을 보존하는 일에 앞장서야 해요."

2000년, 톰킨스는 파타고니아의 생물들의 서식지를 보호하기 위해 미국에 기반을 둔 비영리단체를 설립했다. 이를 위해 인근의 토지 65만 에이커를 더 사들였다.

톰킨스가 추진하려는 '푸말린 공원 프로젝트'는 생태계를 보존하기 위한 야심찬 일이었다. 이 공원은 아르헨티나와 칠레 두 나라 국경을 포함하고 있어 톰킨스 부부의 거침없는 행동에 우려 섞인 시선을 보내는 이들도 적지 않았다. 더군다나 톰킨스가 보유하게 된 토지들의 대부분은 풍부한 수자원과 비옥한 토질을 가지고 있어서 댐 건설업자나 벌목꾼들, 인근의 전력 업체 사람들이 빼앗을 기회를 호시탐탐 노리고 있던 땅이었다.

또 사람들은 푸말린 공원이 두 국가의 국경 지대에 있다는 이유로 톰킨스가 두 나라에 대항하는 새로운 국가를 건설 중이라는 터무니없는 소문까지 나돌았다.

"톰킨스가 파타고니아에 유태인들을 위한 새로운 국가를 건설 중이라지요?"

"그러게요. 양심도 없지. 남의 나라 국경을 두 동강 내 분열시켜 놓고 여기 주민들보다도 더 많은 땅을 소유하고, 그 땅에 아무것도 못 하게 하다니. 이건 분명히 주권 침해라고요!"

어느 날, 칠레 정부는 푸말린 인접 지역에 초소를 세웠다. 그리고 그곳에서 톰킨스의 일거수일투족을 감시했다.

"대체 톰킨스 부부는 저 안에서 뭘 하는 건지 모르겠군."

"저자들의 꿍꿍이속을 누가 가서 훤히 들여다봤으면 좋으련만……. 위에 뭐라고 보고해야 할지 난감하구만……."

초소에 있는 사람들은 톰킨스의 행동을 마뜩치 않아 했다.

톰킨스는 자신이 소유한 땅에 아무것도 하지 않았다. 그래서 사람들은 더욱 궁금증만 커졌다. 이런 톰킨스의 행동을 두고 못마땅해 하는 이들이 또 있었다. 바로 댐 건설업자들이었다. 그들은 나무를 베고 땅을 파헤쳐 댐을 건설해야 하는데 그 땅의 대부분이 톰킨스의 소유였기 때문이었다.

"오늘도 굴삭기가 들어가긴 틀린 것 같은데."

"저 사람 고집이 아주 세구만. 강제로 쳐들어갈 수도 없고."

"에잇, 어떻게 하지?"

댐 건설업자들은 한숨을 푹푹 내쉬며 씩씩거렸다.

댐 건설에 필요한 중장비들을 총동원했지만, 톰킨스의 완강한 반대로 엄두도 못 내고 있었다. 마음이 조급해진 댐 건설 책임자는 톰킨스를 찾아갔다.

"이보시오. 톰킨스! 당신 때문에 우리나라 사람들이 얼마나 피해를 많이 보는지 아시오?"

책임자는 눈을 부릅뜨고 톰킨스를 노려보며 말했다.

하지만 톰킨스는 눈도 꿈쩍 않았다.

"내가 하는 행동에 대해 누군가는 불편하게 느낄 거라 생각합니다. 하지만 내가 하고자 하는 일에 관해 이야기를 들어보면 그렇지 않을 겁니다."

톰킨스는 똑 부러지는 말투로 이야기했다.

책임자는 두 눈에 힘을 잔뜩 주고 다시 한 번 그를 향해 참았던 불만들을 두서없이 늘어놓기 시작했다.

"당신은 이곳 사람들의 땅을 헐값에 팔게 한 후에 그들을 내쫓소. 외국인으로서 남의 나라 땅을 사들인 건 불순한 의도라고밖에 볼 수 없소."

책임자는 툴툴거렸다.

톰킨스는 그의 말을 가만히 듣고만 있었다.

"그건 오해요. 나는 정당한 가격을 지불하고 땅을 샀습니다. 그 누구도 감히 쫓아낸 적도 없어요. 단지 자연을 무분별하게 훼손시키는 것을 막았을 뿐이오."

"그게 사람들을 내쫓은 게 아니고 무엇이란 말이오."

책임자는 내내 흥분을 감추지 못하는 듯했다.

"내가 땅을 사려는 건 단지 더 훼손되기 전에 보존하려는 것뿐이오. 국경이란 테두리를 거두어 내고 본다면 지구에 존재하는 바람, 햇빛, 자연은 대체 누구의 것이란 말이오?"

이번에는 톰킨스가 다시 물었다.

"누가 자연이 소중한 걸 몰라서 이러는 줄 아시오? 하지만 칠레는 지진이 자주 일어나 화력발전소나 원자력발전소를 많이 지을 수 없단 말이오. 그래서 댐을 많이 건설해 수력으로 전력 생산을 늘릴 수밖에 없소."

개발이냐, 아니면 보존이냐를 두고 책임자와 톰킨스는 서로 입장이 달랐다. 톰킨스도 쉽게 물러날 사람이 아니었다.

"당신들이 단지 이 땅에 산다는 이유로 땅을 파괴하고 물과 공기를 오염시킬 권리는 없습니다. 당신이 생각하기에 정말 위험하다는 건 어떤 것이오?"

톰킨스는 조목조목 책임자의 말을 반박했다.

책임자는 톰킨스의 말에 흠칫 놀랐다. 하지만 책임자 역시 단단히 벼르고 왔기에 그리 쉽게 물러서지는 않았다.

"환경보호는 당신 같은 선진국에서 자란 백만장자들에게나 가능한 소리겠지. 당장 칠레에 필요한 건 댐을 개발해서 일자리를 늘리고 많은 돈을 버는 일이오."

"생태계에 대해 제대로 알지 못한 채 개발에만 치중한다면 끝은 뻔합니다. 이제부터라도 자연을 보존하는 일에 앞장서야 해요."

톰킨스는 책임자를 설득하기 위해 애썼다. 하지만 책임자는 톰킨스의 말을 새겨들으려고 하지 않았다. 땅을 소유하고 땅을 그대로 두는 일로 자연을 보존하려는 톰킨스의 행동이 개발업자에게 쉽게 설득될 리가 없었다.

"마지막 경고요. 어디 한번 두고 봅시다!"

책임자는 일어나 공사 현장으로 가 버렸다.

톰킨스는 자신의 뜻을 지키기 위해서는 그곳에 직접 살고 있는 사람들을 설득해야겠다고 생각했다. 그는 주민 한 사람 한 사람을 직접 만나 이야기하기로 마음먹었다. 톰킨스는 사람들을 만나기 위해 푸말린 인근의 목장으로 향했다.

멀리 붉은 노을이 번질 무렵 팜파스의 넓은 평원 하늘 위를 콘도르가 꽤 오랫동안 빙빙 원을 그리고 있었다. 그러고는 뭔가를 향해 사정없이 아래로 곤두박질쳤다.

탕! 탕! 탕!

요란한 총성이 조용했던 팜파스 평원을 뒤흔들어 놓았다.

"사자다! 사자가 나타났다."

여기서 '사자'란 남아메리카의 사자라 불리는 퓨마를 뜻했다. 원래 사슴을 잡아먹던 퓨마가 최근에 들어선 목장 때문에 틈만 나면 양을 먹잇감으로 잡아먹었다. 퓨마가 먹다 만 먹잇감에 잔뜩 눈독을 들이고 있던 콘도르가 나머지를 해치우는 식이었다. 그래서 주민들은 콘도르를 발견하기라도 하면 총을 쏘아 퓨마를 쫓아냈다.

"멈추시오!"

한 주민이 목장에 접근한 퓨마를 향해 또다시 방아쇠를 당기려는 찰나 톰킨스가 갑자기 두 팔을 크게 벌리며 나섰다.

"여러분이 들고 있는 총으로는 한 가지밖에 지킬 수 없습니다. 하지만 그 총을 버린다면 훨씬 소중한 것들을 지킬 수가 있습니다."

톰킨스가 소리 높여 말했다.

"인간을 위협하는 동물은 죄다 죽어야 해요."

방아쇠를 당기다 말고 누군가가 말했다.

"아닙니다. 퓨마가 사라지면 오히려 인간이 피해를 입게 돼요. 퓨마가 사라지면 천적인 사슴의 개체수가 폭발적으로 늘어나 이 지역 풀을 모조리 먹어치울 겁니다. 결국 여러분들이 키우는 양들의 풀마저 사라질 겁니다. 그러면 사슴도, 양도 모두 죽습니다."

"그런 어려운 말은 당신 나라에서나 떠드시오. 우린 이 일을 해야 식솔들을 먹여 살릴 수 있단 말이오."

목장 주인들은 톰킨스에게 적대감을 거두지 않았다. 목장이 늘어날수록 주민들은 목장에 고용되어 양을 돌보았고 가끔 퓨마까지 잡아 주면 돈을 더 벌었다.

톰킨스는 그들 곁으로 다가가 앞으로 이곳에 벌어질 일에 대해 이야기하기 시작했다. 주민들 중 누군가가 마뜩치 않게 계속 톰킨스에게 시비를 걸었다.

곁에 서 있던 여러 명의 주민들이 고개를 가볍게 끄덕이며 모두 같은 뜻임을 알렸다. 톰킨스는 계속 이들을 설득했다.

"여러분, 이곳에 곧 댐이 건설될 예정입니다. 그러면 자연이 모두 파괴되고 말 겁니다. 이곳에 살고 있는 생물들이 모두 죽고 말 겁니다. 댐 건설을 반드시 막아야 합니다."

"댐도 들어서고 퓨마도 잡는 게 우리를 먹여 살려 주는 것이요."

덩치 큰 사내 하나가 양쪽 눈썹을 실룩거리며 톰킨스의 말을 비꼬듯이 말했다. 곁에 있던 사내들도 낄낄댔다. 최근 들어 칠레는 개발과 보존 사이의 갈림길에 서 있었다.

"여러분이 댐 건설 현장에서 일한다면 당장 돈은 벌 수 있겠죠. 하지만 댐 공사가 끝나면 그 다음엔 뭘 해서 살아갈 겁니까?"

사람들은 서로의 얼굴만 멀뚱멀뚱 바라봤다.

"그거야 그때 가서 다시 생각해 보면 되는 거지!"

누군가 목청을 높여 톰킨스를 향해 말했다.

"아니요. 여러분은 다시 그 현장을 떠나거나 또다시 어려워질 겁니다."

"그럼 우리보고 뭘 어쩌라는 거요? 당신 말 대로라면 우리는 아무것도 하지 말고 이 땅에서 굶어 죽으라는 말이잖소. 그것이 이 땅을 위한 것이요?"

누군가가 또다시 불만을 드러냈다.

"수백 년 전부터 소달구지에 고목을 베어 실어 나를 때부터 이 땅을 밟은 이방인들은 죄다 당신같이 말했소. 하지만 결국 이 땅에 돌아온 건 잘려 나간 나무토막들 뿐이었소. 왜 이제 와서 우리가 우리 땅을 개발한다는데 못 하게 합니까?"

그들의 대화에선 이민족과 토착민 사이에 벌어졌던 가슴 아픈 과거사가 고스란히 전해졌다. 톰킨스는 그들이 이방인에게 갖는 불신이 어디서 비롯됐는지 알 수 있었다.

"저는 이 땅을 개발로부터 보호하기 위해 소유하고 있는 것뿐입니다. 이곳은 결국 여러분들에게 돌아갈 땅입니다."

"그걸 지금 믿으라는 거요?"

이야기를 듣던 누군가가 끼어들었다.

"네. 그 이방인들이 진짜 가져가지 못한 건 바로 이 소중한 땅입니다. 여러분들이 지금처럼 힘 있는 자들에게 자신의 터전을 하나씩 내어 준다면 머지않아 당신들의 선조들이 그토록 지키려 했던 소중한 땅을 모두 잃게 될지도 몰라요."

톰킨스의 설득은 몇 날 며칠이고 계속됐다. 하지만 시간이 지날수록 마을 사람들은 오히려 톰킨스의 기괴한 소문에 더 관심이 많아졌다.

"저 사람이 밤마다 광물을 몰래 캐러 다닌대요."

"정말요?"

"네. 제가 며칠 전 밤에 그 사람 혼자 손전등을 들고 골짜기를 넘어가는 걸 두 눈으로 똑똑히 봤다니까요."

"대체 뭘 하려는 거지?"

"자기 회사로 몰래 **빼돌리려는** 거지 뭐."

사람들은 톰킨스의 행동을 미심쩍게 생각했다.

급기야 소문이 사실인지 사람들은 어느 날 밤 톰킨스의 뒤를 몰래 따라가 봤다. 미행 온 마을 사람들은 모두 숨죽인 채 톰킨스의 행동을 지켜보고 있었다. 깊은 가시덤불을 헤집고 톰킨스가 꺼낸 건 광물이 아닌 퓨마 덫이었다.

"세상에나! 저런 줄도 모르고……."

"퓨마라도 맞닥트리는 날엔 어쩌려고……."

사람들은 톰킨스에 대해 괜한 오해만 한 것 같아 미안해졌다. 퓨마를 사냥감으로만 생각했지 돌봐야 할 동물로는 생각하지 않았기 때문에 더 그랬다. 시간이 지날수록 마을 사람들은 톰킨스의 진심을 조금씩 알 수 있었다.

"자연을 훼손시키지 않으면서 먹고살 방법은 반드시 있습니다. 칠레의 가장 큰 경쟁력은 댐도 굴뚝도 아닙니다. 바로

자연입니다."

"누가 그런 걸 모르나요. 하지만 아무것도 개발하지 않으면 당장 먹고살 방법이 없어요."

"그동안 생물의 다양성을 보존할 만한 공원이 없어 생태계가 위기에 빠졌었죠. 저는 이곳을 국립공원으로 만들어 지역경제도 살리고 생태계를 살릴 것입니다. 그것이 우리의 미래입니다."

"좋아요. 어디 한번 믿어 봅시다!"

"그래요. 우리 힘으로 먹고살 수 있다는데 머뭇거릴 게 뭐 있어요. 한번 해 보죠."

다음 날부터 톰킨스는 마을 주민들과 팔을 걷어붙이고 푸말린 일대의 생태계를 조사하러 돌아다녔다. 그중에는 날카로운 금속이빨을 드러낸 덫을 제거하는 주민들도 있었다.

"자네가 직접 퓨마 덫을 제거하고 있다니 믿을 수 없는 일이군."

"참 이상도 하지, 목장이 하나둘씩 없어지니까 퓨마도 안 나타나더라고."

그들은 초원에서 양 목장의 울타리를 제거하고 퓨마 덫을

없애고 벌목 금지 구역을 정했다.

그렇게 얼마간의 시간이 흐르자 놀라운 변화가 일어났다.

"아무것도 하지 않고 그냥 내버려 뒀는데 저 들판을 보세요."

톰킨스와 사람들은 주변을 둘러보았다. 울타리를 거두어낸 목초지 위에 파릇파릇한 잔디가 물결처럼 일렁거렸고, 그 틈바구니에선 울긋불긋한 꽃들이 피어 있었다.

이들의 노력은 남동부 푸말린 지역의 목장들을 푸른 초원으로 바꾸어 놓았다. 퓨마 사냥꾼들은 퓨마를 보호하기 위해 처음으로 총을 버렸다. 나머지 주민들은 공원 안내자나 야생동물 관리자로 일하게 되었다.

지구의 끝 파타고니아에서 시작된 이런 작은 희망들은 안데스 산맥의 등줄기를 넘어 점점 더 확대되어 갔다. 이들이 톰킨스와 함께 손을 맞잡고 시작한 환경 보존은 어느새 10여 년의 세월을 훌쩍 넘겼다.

훼손되지 않은 땅을 사들이고 그 땅을 지키기 위해 톰킨스 부부는 아르헨티나와 칠레에서 90만 헥타르의 땅을 샀다. 특히, 영국 런던 시의 두 배에 달하는 76만 에이커인 칠레의 남부 10개의 지역을 푸말린 국립공원으로 지정했다.

2005년 7월 칠레 정부는 이 지역을 공식 자연보호 구역으로 지정해 모든 산업 활동을 제한하고 인간의 활동을 최소한으로 허용했다. 푸말린 국립공원은 진정 칠레 국민의 품으로 돌아왔다.

파타고니아 사람들은 총을 버리고 삶의 터전으로 돌아갔다. 파타고니아에는 유독 야생화가 많았기 때문에 양봉업이 잘되었다. 양봉업자들은 매일 얼굴과 온몸에 그물망을 뒤집어쓰고 벌꿀을 채취하느라 바빴다. 이때 야생화 위로 굵은 빗방울이 떨어지기 시작했다.

"날씨가 또 생떼를 부리는군."

"하던 일이나 계속하자고."

사람들은 변덕을 자주 부리는 이곳의 날씨와 친해진 지 오래다. 톰킨스는 이마에 송골송골 맺힌 땀방울을 한 손으로 쓱쓱 닦고서는 보랏빛의 칼라파테 열매를 입 안에 넣었다. 새콤달콤하면서도 떫은맛이 입 안에 황홀하게 번졌다. 누구든 이 열매를 먹으면 반드시 파타고니아로 돌아온다고 했던가.

톰킨스는 무엇이 자신을 이 지구의 끝으로 오게 했는지 알 수는 없지만 이곳에서 시작한 희망의 여정이 앞으로도 계속

될 것이라 믿었다. 자연 속에서 같은 곳을 바라보는 사람들과 지금 이 순간 함께 있다는 사실이 꿈만 같았다.

1943년 뉴욕 주 오하이오에서 태어남

1960년 명문 사립 고등학교에 입학

1963년 등산학교를 설립하여 사람들에게 안전한 등반 방법을 가르침

1966년 샌프란시스코에서 의류 회사 노스페이스를 창업

1968년 친구들과 함께 6개월 동안 파타고니아 일대를 여행함

1975년 세계 최초로 구형이론의 원리를 이용한 돔형 텐트를 개발

1989년 첫 번째 부인과 이혼한 뒤, 노스페이스를 처분하고 캐나다의
        토지를 매입하기 시작

1990년대 생태 보호 운동 재단을 설립. 재혼한 아내와 함께 파타고니
        아 일대에서 많은 토지를 매입

2000년~현재 파타고니아를 보존하기 위해 비영리단체를 설립하여
        푸말린 국립공원을 지정하고 환경보호에 앞장섬

꿈을 주는 현대인물선 18

자연으로 돌아간
노스페이스 창업자 톰킨스

1판 1쇄 인쇄 2015년 4월 20일
1판 1쇄 발행 2015년 4월 23일

글쓴이 박선민 | 그린이 박준우
펴낸이 안성호
편집 이소정 조경민 강별 | 디자인 이보옥 황경실
펴낸곳 리젬 | 출판등록 2005년 8월 9일 제 313-2005-00176호
주소 121-821 서울시 마포구 동교로9길 9 102호
대표전화 02-719-6868 편집부 070-4616-6199 팩스 02-719-6262
홈페이지 www.ligem.net
전자우편 iezzb@hanmail.net

ⓒ박선민 ⓒ박준우

이 도서의 국립중앙도서관 출판예정도서목록(CIP)은 서지정보유통지원시스템 홈페이지(http://seoji.
nl.go.kr)와 국가자료공동목록시스템(http://www.nl.go.kr/kolisnet)에서 이용하실 수 있습니다.
(CIP제어번호: CIP2015009826)

ISBN 979-11-85298-48-1
     978-89-92826-87-7 (세트)

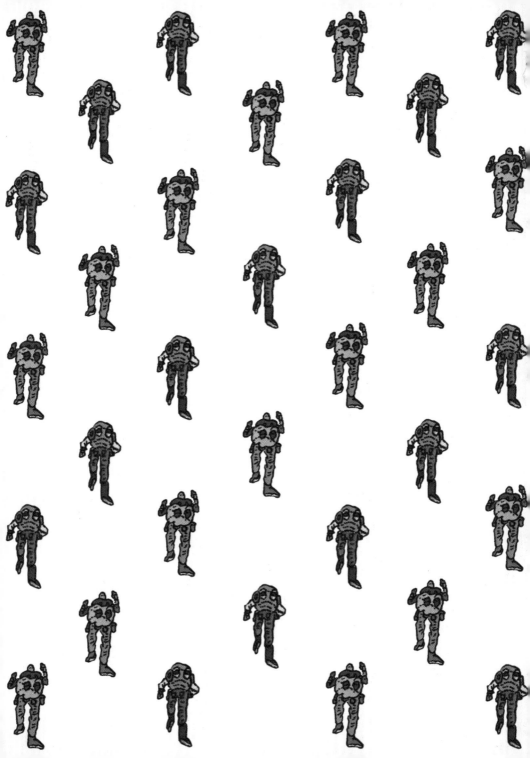